CHARLOTTE

TARDIEU DE MALLEVILLE

1829-1890

CHARLOTTE
TARDIEU DE MALLEVILLE

1829-1890

Compiègne. — Imprimerie Henry Lefebvre.

CHARLOTTE

TARDIEU DE MALLEVILLE

Il n'entre pas dans ma pensée de rendre le public confident de notre douleur et de demander aux indifférents une sympathie que nos amis nous ont prodiguée. A ceux qui n'ont pas connu ma pauvre mère, comment révéler, comment faire sentir ce charme pénétrant qui était répandu dans sa personne et dans son talent ?

Mon désir serait au contraire, pour ceux-là précisément qui l'ont vue de plus près, qui l'ont le mieux aimée, de fixer dès à présent quelques traits de cette physionomie disparue, de la faire revivre pour eux, de leur faire revoir un instant ce sourire, ce regard dont leurs cœurs sont encore pleins. Puisse ce filial portrait leur paraître fidèle! puisse-t-il surtout contenter celui qui pendant près de quarante ans d'une union tous les jours plus tendre « a trouvé tout en elle, comme elle tout en lui! »

Il serait difficile en parlant de ma mère, de séparer l'artiste de la femme. L'éveil de son talent se fit de très bonne heure, et elle était encore une enfant que, presque sans avis, si ce n'est ceux d'une mère qui ne vivait que pour elle, elle surprenait ses premiers auditeurs moins par un mécanisme précoce que par un sentiment inné de la pensée musicale et par ce don d'improviser qui est le signe du génie.

A peine âgée de quinze ans, sa mère l'amena à Paris, et dès lors s'ouvrit pour elle l'incertaine carrière dont, trop tôt hélas! elle vient de toucher la borne. Elle y aura rencontré de grands obstacles et souffert quelques déceptions; mais elle a remporté des succès qu'on n'oubliera pas et nous laisse un nom dont nous sommes fiers.

On s'accordait à dire que son talent ne ressemblait à aucun autre; c'est qu'aussi l'éducation qu'elle avait reçue n'était pas selon les règles communes. Avant d'habiter Paris, quelques leçons de loin en loin; depuis lors des conseils, plus suivis sans doute, mais irréguliers encore ; bref, et quelque respect qu'elle eût gardé pour ses professeurs [1], il était visible qu'elle ne relevait d'aucune école et qu'elle s'était formée seule. Un naturel instinct, un goût d'une parfaite pureté, un travail sans relâche, tels furent ses maîtres.

S'étant mise en état d'aborder les chefs-d'œuvre, elle eut bientôt autour d'elle un cercle étroit d'auditeurs qu'intéressait comme un prodige l'éclosion de ce jeune talent. Elle jouait; ils l'écoutaient; elle accueillait leurs avis et voilà comment se développa, sous la douce influence

1. M. Amédée Méreaux, M. Vaslin et M. Maleden.

de quelques connaisseurs [1], cette intelligence musicale, si prompte à comprendre, à sentir et à rendre.

De ces amis de la première heure, de ces juges délicats, dont le souvenir lui était cher, un seul nous reste, le meilleur. Ce talent qu'il avait vu naître, et guidé dans ses premiers pas, il n'a cessé d'en signaler les progrès ; nul autre ne lui donnait au même degré le sentiment de la perfection ; il le citait comme un modèle, et nous déclarait hier qu'avec elle il perd l'interprète, unique à son gré, de l'art qu'il préférait.

Quelle devait être sa grâce dans cette première période de sa vie ! lorsque pour la première fois elle voyait lui apparaître, dans leur éternelle fraîcheur, ces chefs-d'œuvre de l'esprit humain, dont plus tard elle nous révéla les impérissables beautés !

Quel enthousiasme devait-elle apporter dans

1. M. Sauvageot, M. Mayran, M. Pleyel, M. Onslow.

ces découvertes! Quel souffle devait l'inspirer!
Quelles émotions elle devait faire naître! Et quel
charme devait prêter à sa jeunesse le feu sacré
qui l'animait! Ce charme, mon père le subit.
Conduit vers elle par une suite de circonstances,
où toujours il a voulu voir la volonté d'en haut,
il lui donna son nom. Quiconque les a connus
dira s'ils se sont aimés et s'ils étaient dignes l'un
de l'autre. Peu de temps avant leur mariage,
invité par elle à mettre sur un album une dédicace
à son adresse, il y inscrivit cette phrase :

Τῇ μουσικωτάτῃ τῶν παρθένων.

Je l'ai retenue comme l'heureuse expression,
dans la plus belle des langues, de ce que devait
être ma mère à vingt ans. Musique, poésie, grâce
virginale tout est dit en quelques mots.

Vers ce moment, une circonstance, que nous
avons toujours crue décisive, vint apporter
à son talent comme un achèvement suprême.

Elle entra en relations avec un artiste éminent, M. Maurin, l'un des plus grands violonistes de notre époque, celui que nous avons le mieux connu et à qui nous devons avec elle les plus hautes jouissances musicales que nous ayons éprouvées. Ma mère a eu l'avantage, au cours de sa carrière d'artiste, de faire de la musique avec des hommes considérables par le talent et l'autorité. Pour n'en citer que deux parmi les plus illustres, je nommerai seulement Alard et Joachim. La grâce toujours jeune de l'un, le style imposant de l'autre ont trouvé en elle une admiratrice sincère. Mais M. Maurin est demeuré le partenaire préféré, l'artiste de prédilection. Il y avait entre leurs deux talents comme une étroite parenté, une fraternité originelle. Ils s'appelaient, se devinaient, se rejoignaient l'un l'autre. Une harmonie secrète leur inspirait les mêmes nuances. Leur jeu n'était qu'un perpétuel dialogue, tour à tour souriant ou grave, emporté ou caressant. Ils y faisaient assaut de finesse et d'élégance, comme aussi de grandeur majestueuse et d'émotion tendre. Largeur de style, imprévu des idées, couleur, poésie, que n'avaient-ils pas?

Un jugement porté par moi sur le talent de ma mère ne saurait, je pense, irriter personne. Dussé-je rencontrer quelque contradiction, mon incompétence technique la désarmerait sans doute. Il ne s'agit pas ici de l'opinion d'un musicien, mais des souvenirs que suggère à la piété d'un fils ce sentiment de la beauté que chacun de nous porte en soi.

Ce qu'elle mettait avant tout dans son jeu, c'est ce qui surtout aussi distinguait son esprit et son caractère : un naturel parfait, l'absence complète et constante de toute affectation, une simplicité de moyens et de diction qui laissait à la phrase musicale la pureté de ses lignes et la sévérité de ses contours. Cette simplicité qui lui donnait tant de charme se traduisait aux yeux jusque dans son maintien. Jamais de gestes jamais d'efforts; pas de chocs sur les touches, mais une pression douce et puissante au moyen de laquelle ses doigts semblaient pénétrer l'instrument pour lui dérober, comme l'archet au violon, ses accents les plus intimes, ses sonorités les plus profondes. Combien de fois n'avons nous pas admiré les prodiges de cette force, en quelque sorte invisible, par laquelle elle faisait gravir à son clavier les *crescendos* sublimes où Beethoven surtout emporte la pensée ! A cette force toujours contenue, jamais brutale, elle joignait l'agilité; mais cette qualité, plus féminine et d'ailleurs répandue, étonnait moins que sa vigueur.

Un don qu'elle possédait au plus haut point et qu'on lui a toujours reconnu, c'était celui de faire chanter son piano. Cet instrument qu'on a souvent à tort accusé de sécheresse, auquel on n'a concédé parfois que la faculté de représenter les mouvements, les dessins et les rhythmes, elle lui donnait une voix, et cette voix prenait sans effort les accents de la voix humaine, tour à tour âpre ou suave, grave ou tendre, humble ou superbe.

Jouait-elle une de ces œuvres où le musicien, sans le secours du poète, s'élance librement dans le champ de sa propre pensée, elle savait susciter les rêves, et l'on croyait voir se dresser devant soi tout un monde imaginaire. S'agissait-il, au contraire, de quelque fragment de ces épopées musicales, dont tous les types nous sont connus, toutes les scènes familières, elle évoquait à son gré les fureurs de dona Anna, les tristesses de dona Elvire, l'éclat de rire de Figaro ou les langueurs de Marguerite. Alors, magicienne adorable, ce n'était pas le chant seul qu'elle faisait retentir en sa majesté souveraine, c'est l'orchestre entier dont elle éveillait les puissants échos et souvent la surprise, l'émotion, l'ivresse ont gagné les cœurs en voyant répondre à son appel et surgir sous ses doigts le peuple des héros que la musique a créés.

Ce qui la caractérisait encore, c'était l'eclectisme de ses affections artistiques. Classique avant tout, pénétrée de respect et d'amour pour ces trois maîtres Haydn, Mozart, Beethoven, qui composent, on l'a déjà dit, une sorte de trinité musicale, éprise et nourrie de leurs chefs-d'œuvre, elle n'admettait pourtant aucune barrière, elle ignorait les partis-pris. C'est à tort qu'on a dit d'elle avec une intention peut-être restrictive : « Madame Tardieu joue le Mozart comme personne. » Non seulement sa large intelligence s'était emparée de Beethoven avec la même puissance et la même supériorité, mais encore elle s'était étendue aux maîtres plus récents, et jusqu'à ceux de ce temps-ci. Avec quelle poétique élégance elle interprétait Mendelssohn ! avec quel vif éclat Weber étincelait sous ses doigts ! et Chopin, en trahissait-elle la mélancolie maladive ? ne traduisait-elle pas les modernes sonorités d'un Schumann et d'un Rubinstein ? Ne retrouvait-elle pas la source des vieilles chansons populaires ? et ces airs espagnols, ces danses hongroises ou roumaines, n'en sentait-elle pas, n'en faisait-elle pas goûter l'exotique saveur?

Elle n'était pas absorbée par le souci de son propre talent et de ses succès personnels. On a parfois accusé les artistes du peu d'empressement qu'ils montrent à s'écouter les uns les autres. Elle ne méritait pas ce reproche. C'était pour elle une joie, un besoin d'entendre de la musique. Elle avait l'âme et le cœur grands ouverts à l'admiration. Elle ne connaissait pas l'envie, ce vice dont l'originalité préserve. Ce que nous seuls savons, qui avons vécu près d'elle, c'est la facilité merveilleuse avec laquelle, toute sa vie, elle a suffi à son art. Une fois passée la dure période d'apprentissage qui avait pris sa jeunesse, ma mère ne cultivait plus que les beautés de cet art, non plus jamais ses rudiments. Du mécanisme, elle avait acquis, une fois pour toutes, ce qui lui était nécessaire. Jamais nous ne l'avons vue consacrer des heures entières à des exercices rebutants. Je ne l'ai jamais entendue faire une gamme. Ses doigts en étaient-ils moins souples et moins robustes au moment voulu, et d'autre part sa pensée, dégagée de ces soins mécaniques, n'en devenait-elle pas plus large et plus libre, son souffle plus puissant, son style plus magistral ?

Encore un coup, je ne provoque aucune comparaison. Je ne quête pas des adhésions; je m'adresse à ceux qui pensent comme nous, je prête une formule à leurs souvenirs. Leur consentement me suffit. Je n'en cherche pas d'autre.

Telle fut la grande artiste dont la place restera vide. Ils ne l'oublieront pas, ceux qui l'ont vue souriante et pensive s'asseoir au piano, charmer pendant de longues soirées des auditoires restreints ou émouvoir dans de grandes salles un public nombreux. Ils ne l'oublieront pas, ceux que chaque année elle appelait à l'entendre dans cette hospitalière maison de la rue du Mail, où Madame Érard, discrète et libérale protectrice, et après elle son digne successeur, l'avaient accueillie et lui gardaient sa place, qui était celle d'une amie. Ils se rappelleront cette femme simple et gracieuse, dont les doigts inspirés déroulaient des chefs-d'œuvre, pendant que son regard, plongé dans l'infini, suivait la pensée des maîtres. Ils diront si jamais plus de talent fut uni à plus de bonne grâce, si jamais un refus de sa volonté, une défaillance de son inépuisable mémoire ont fait attendre l'œuvre désirée. Ils le diront et ils sont nombreux à Paris, où elle a vécu, et sur bien d'autres points de la France, où elle laisse autant d'amis que d'admirateurs.

C'est que beaucoup, qui ont entendu la pianiste, ont aussi connu la femme ou l'ont devinée. Ah ! ne demandez pas le secret de cette grâce. Il était tout dans son cœur si franc, si bon, si droit, dans son esprit si fin, si juste, dans son imagination si riche et si variée. Son esprit dépassait les bornes de son art. Supérieure en musique, elle avait « des clartés de tout. » Ce qu'elle lisait, elle savait le juger, et, sans l'ombre de pédantisme, elle pouvait tout comprendre et répondre à tout. Quelle place elle tenait partout ! et quel charme elle répandait sur les choses ! que ses goûts étaient modestes ! mais qu'ils étaient délicats ! Une maisonnette au bord d'un champ, du soleil, un large horizon, des arbres, des fleurs, des oiseaux, une fidèle amie pour voisine, *hoc erat in votis !*

Artiste de premier ordre, femme d'élite, professeur qu'on ne remplacera ni dans le cœur de ses élèves ni dans celui de leurs mères, épouse et mère inoubliable, laissez-moi dire qu'elle aimait son pays autant que sès enfants et que les horreurs de la guerre, les angoisses des deux sièges, traversés avec une vaillance, qui dès lors vit de près la mort, avaient blanchi ses cheveux et porté le premier coup à sa santé, moins forte qu'on ne l'aurait cru.

La voilà partie pour jamais ! Une longue et cruelle maladie lui a fait connaître toutes les souffrances, souffrance morale d'abord de se sentir pour la première fois inutile après quarante ans de labeur, souffrances du corps, presque intolérables, durant cinq mois. Elle a vu très tôt que le dénouement était, sinon certain, du moins probable ; et cet esprit, si gracieux et si tendre qu'on aurait bien pu lui passer quelque faiblesse, a trouvé, pour envisager la suprême épreuve, la force des plus forts. Elle n'a pas fait à ce sujet de ces confidences qui soulagent et où l'on se rassure en se faisant contredire. Sans cesser d'être patiente, elle est devenue silencieuse. Son âme s'est élevée vers les régions éternelles, et, le moment venu, elle a demandé d'elle-même à la religion, les consolations de la dernière heure.

Tant de force et de douceur ont inspiré tout autour d'elle une sorte d'adoration. Ses petits enfants dont les premiers succès et les grâces naissantes enchantaient son cœur la regardaient avec l'inconscient effroi par lequel s'annonce la mort à ceux qui ne la connaissent pas. Les plus petits jouaient sur son lit d'où elle ne souffrait pas qu'on les écartât. Ceux qui veillaient à son chevet, moins en serviteurs fidèles qu'en incomparables amis, puisaient leur dévouement dans une affection profonde. Ces braves cœurs avaient compris qu'il n'y avait plus d'espoir, et ne pouvaient s'en consoler. Leurs sanglots nous accueillaient chaque jour. Ils auraient poussé les efforts et la fatigue à l'impossible pour faire durer ces dernières lueurs d'une vie qui s'éteignait. Ils n'y parvinrent pas. Une terrible opération fut tentée et la pauvre femme épuisée la supporta, comme eût pu faire un soldat sur le champ de bataille. Parmi les cris que lui arrachait la douleur elle avait encore pour nous des regards d'encouragement et de pâles sourires. Tout à coup, sous nos yeux, nous la vîmes périr entre les bras de ceux dont la science avait tout fait pour nous la conserver. Qu'ils reçoivent ici le tribut de notre gratitude. Qu'il l'accepte surtout cet ami de toute notre vie, des bons et des mauvais jours, qui durant ces cinq mois ne l'a pas quittée, n'a cessé d'épier sur ses lèvres un souffle de vie, a reconforté son courage et soulagé ses maux et qui, malgré de lointaines et sombres prévisions, ne l'a pas vue lui échapper sans un muet désespoir dont son âme forte mais tendre n'a pu nous cacher les signes. Il a eu ses derniers sourires. Qu'il soit à jamais béni !

Ce grand deuil, nous n'avions pas le droit de le garder pour nous seuls. Il appartenait à tous ceux qui en ont pris une si large part, qui sont venus s'agenouiller à son lit de mort et l'ont suivie jusqu'à sa tombe, pour l'y ensevelir sous les roses. C'est pour eux que ces tristes lignes ont été écrites. Vous tous qui l'aimiez, recevez-les en son nom comme un suprême adieu.

A. T.

Imprimé
par HENRY LEFEBVRE
31, rue Solferino, 31
Compiègne

COMPIÈGNE — IMPRIMERIE HENRY LEFEBVRE

31, RUE SOLFERINO, 31